Bibliografische Information der Deutschen Nationalbibliothek:

Die Deutsche Bibliothek verzeichnet diese Publikation in der Deutschen National-
bibliografie; detaillierte bibliografische Daten sind im Internet über http://dnb.d-
nb.de/ abrufbar.

Impressum:

Copyright © 2007 GRIN Verlag, Open Publishing GmbH
Druck und Bindung: Books on Demand GmbH, Norderstedt Germany
ISBN: 9783656631880

Dieses Buch bei GRIN:

http://www.grin.com/de/e-book/92132/korrekte-ausfuehrung-einer-kurzhantelue-
bung-zum-trainieren-des-trizeps-armmuskels

Andreas Süß

Korrekte Ausführung einer Kurzhantelübung zum Trainieren des Trizeps-Armmuskels (Unterweisung Sportfachfrau / -fachmann)

Unterweisungsentwurf zur Ausbilder-Eignungs-Prüfung

GRIN Verlag

Unterweisungsentwurf zur Ausbilder-Eignungs-Prüfung

Name
Süß, Andreas – Informatik

Thema
Korrekte Ausführung einer Kurzhantelübung zum Trainieren des Trizeps-Armmuskels

Ausbildungsmethode
Vier-Stufen-Methode
Im Mittelpunkt dieser Methode steht das gezielte Vor- und Nachmachen. Erlerntes Wissen kann direkt in einer praktischen Übung vertieft werden. Für das Vermitteln von psychomotorischen Fähigkeiten besonders geeignet.

Adressat
Auszubildende/r im Beruf „Sportfachfrau/Sportfachmann" im 3. Ausbildungsjahr, 1. Ausbildungsmonat. Bei der AdA-Prüfung ist es ein Hauptschüler der 8. Klasse.

Arbeitsplatz
Sport – und Fitness-Studio
Ausbildungsmittel:
- Übersichtsbild der menschlichen Muskulatur (Hinteransicht, ab Gesäß aufwärts)
- Leichte Kurzhantel

Lernziel
Der/Die Auszubildende soll nach der Unterweisung mit anschließender Übung selbständig, mit Hilfe einer Kurzhantel, eine Übung zum Trainieren des Trizeps-Armmuskels korrekt ausführen können. Eine korrekte Ausführung der Übung bedeutet neben optimaler Muskelbelastung, dass auf gesundheitsschonende Körperhaltung und Bewegungsabläufe geachtet werden muss.

Handlungsablauf

Was	Wie	Warum so
Erklären der Ausbildungsmittel	Das Übersichtsbild zeigt die Hinteransicht der menschlichen Muskulatur ab dem Gesäß aufwärts. Der Trizeps-Muskel ist dabei farblich gekennzeichnet. Durch ihn ist es möglich den Arm durchzustrecken, nach hinten zu bewegen, sowie den Arm an den Körper zu führen.	Neben der korrekten Ausführung der Übung ist es wichtig zu wissen, welches der mit dieser Übung trainierte Muskel ist und wo sich dieser befindet. Dies dient der zusätzlichen Kontrolle, ob die Übung gerade richtig ausgeführt wird. An der entsprechenden Stelle sollte der Muskel während der Übung spürbar aktiviert und belastet sein. Eine zusätzliche Kenntnis der Funktion des entsprechenden Muskels vervollständigt dessen Verständnis.
	Die Kurzhantel erhöht durch ihr Gewicht die Belastung des Muskels während der Bewegung. Die Übung wird mit einer leichten Kurzhantel ausgeführt.	Durch höhere Belastung des Muskels als im täglichen Gebrauch wird dieser trainiert und gestärkt. Eine Kurzhantel verhindert, dass ein Trizeps mehr beansprucht wird als der andere, wie es bei einer Langhantelübung der Fall sein kann, da beide separat trainiert werden. Zu viel Kraftaufwand würde keine korrekte Übungsausführung garantieren. Bei der Übungsausführung kein offenes Schuhwerk tragen, um Verletzungen durch Fallenlassen der Kurzhantel zu vermeiden.
Sicherer und gesundheitsschonender Stand	Im Stehen, die Knie beugen und den Fuß der Körperseite, dessen Arm nicht arbeitet, vor den anderen stellen (Ausfallschritt).Die Hand, des nicht arbeitenden Armes, auf einer niedrigen Bank abstützen.	Bei der Übungsausführung muss ein sicherer Halt gewährleistet sein, um Verletzungen zu vermeiden. Das Beugen der Knie entlastet den unteren Rücken. Durch Abstützen wird ein zusätzlicher Halt bei der Übungsausführung gewährleistet.

Gesundheitsschonende Ausrichtung des Oberkörpers	Den Oberkörper leicht vorbeugen, der Rücken bleibt während der gesamten Übungsausführung gerade. Der Kopf bildet die natürliche Verlängerung der Wirbelsäule.	Eine richtige Oberkörperhaltung ist sehr wichtig, da sie, durch Entlasten der Wirbelsäule und Bandscheiben, Verletzungen vermeidet.
Ausgangsposition des Armes und der Kurzhantel, bevor die Bewegung ausgeführt wird	In die freie Hand die Kurzhantel nehmen, den Arm beugen und den Ellbogen dicht am Körper nach hinten bis etwa auf Schulterhöhe bewegen. Ober- und Unterarm bilden einen rechten Winkel. Die Handinnenfläche zeigt dabei Richtung Körper.	Nur die richtige Ausgangsposition garantiert einen darauffolgenden korrekten Bewegungsablauf und eine optimale Belastung des kompletten Trizeps-Muskels.
Gesundheitsschonender Bewegungsablauf	Ohne den Ellbogen zu bewegen, wird die Kurzhantel langsam nach hinten gedrückt, bis das Ellbogengelenk fast durchgestreckt ist (Oberarm und Unterarm bilden fast eine Linie). Unterarm und Handgelenk bilden eine Linie. Danach den Unterarm wieder langsam in die Ausgangsstellung zurückbewegen und die komplette Bewegung wiederholen.	Der Ellbogen darf sich nicht bewegen, damit eine optimale Belastung des Trizepses erfolgt. Das Ellbogengelenk darf nicht überstreckt werden um Verletzungen in diesem zu vermeiden. Wird die Übung nicht ansatzweise richtig ausgeführt, kann dies zu Folge haben, dass 1. der zu trainierende Muskel nicht optimal belastet wird und 2. die Verletzungsgefahr enorm steigt.

Lernerfolgskontrolle

- Welcher Muskel wird mit der Übung trainiert und wo befindet sich dieser?
- Auf was ist bei der Körperhaltung zu achten?
- Auf was ist beim Bewegungsablauf zu achten?